Intimidade

Mirian Goldenberg

INTIMIDADE

EDITORA RECORD
RIO DE JANEIRO • SÃO PAULO
2010

CIP-BRASIL. CATALOGAÇÃO-NA-FONTE
SINDICATO NACIONAL DOS EDITORES DE LIVROS, RJ

Goldenberg, Mirian

G566i   Intimidade / Mirian Goldenberg. – Rio de Janeiro:
Record, 2010.

ISBN 978-85-01-09065-2

1. Intimidade (Psicologia). 2. Relação homem-mulher.
I. Título.

CDD: 158.2

10-3196   CDU: 159.9:316.47

Copyright © Mirian Goldenberg, 2010

Capa: Carolina Vaz

Texto revisado segundo o novo Acordo Ortográfico da Língua
Portuguesa

Direitos exclusivos desta edição reservados pela
EDITORA RECORD LTDA.
Rua Argentina 171 – 20921-380 Rio de Janeiro, RJ – Tel.: 2585-2000

Impresso no Brasil

ISBN 978-85-01-09065-2

Seja um leitor preferencial Record.
Cadastre-se e receba informações sobre
nossos lançamentos e nossas promoções.

EDITORA AFILIADA

Atendimento e venda direta ao leitor:
mdireto@record.com.br ou (21) 2585-2002

Sumário

Uma conversa íntima	7
Intimidade íntima	13
Intimidade	19
Infidelidade virtual	23
Fidelidade paradoxal	27
O capital marital	31
A Outra	37
Toda mulher é meio Leila Diniz?	41
Inesquecível	45
Elas querem o homem gay	49
Não basta ser pai	55
O corpo como capital	61
Imitação prestigiosa	67
Dominação masculina	73
O corpo da moda	79
A volta do cor-de-rosa	85
Coroas	91
Invisível	97
Inclassificáveis	103
Insônia	109
Sem lágrimas	115

Uma conversa íntima

Este livro reúne vinte pequenos artigos, alguns inéditos e outros já publicados em jornais brasileiros.

Gosto de escrever para jornais e revistas, pois é uma excelente oportunidade para pensar sobre questões como gênero, intimidade, infidelidade, corpo e envelhecimento na cultura brasileira e, também, um desafio para elaborar um pouco mais as minhas reflexões para atingir um público maior de leitores.

O último texto é bastante diferente dos demais. Convidada por uma amiga para escrever algo sobre judaísmo, passei alguns meses elaborando um conto. Muitas lágrimas correram até ele ficar pronto. Enviei o conto para alguns amigos e amigas. Uns acharam que eu não deveria publicá-lo. Outros insistiram para que eu o publicasse.

Uma das características dos textos aqui apresentados é que todos, sem exceção, são frutos de profundas inquietações intelectuais e pessoais. Fatos que me intrigam, no meu cotidiano, como as meninas se vestirem de cor-de-rosa ou as mulheres reclamarem da falta de intimidade com os homens, provocaram o meu desejo de compartilhar as minhas ideias ou curiosidades.

Além das minhas observações cotidianas na cidade do Rio de Janeiro, busquei, nestes pequenos textos, apresentar as principais reflexões que têm acompanhado a minha trajetória na antropologia. Apresento, de forma simples, alguns conceitos de autores que são centrais nos meus estudos (Simone de Beauvoir, Gilberto Freyre, Pierre Bourdieu, Norbert Elias e Marcel Mauss), mas, também, algumas das ideias que elaborei a partir das minhas pesquisas (o corpo como capital, capital marital, fidelidade paradoxal, intimidade íntima, miséria subjetiva).

Muitas vezes sou parada, nas ruas do Rio de Janeiro ou nas minhas caminhadas nas praias de Ipanema e Leblon, por algum leitor ou leitora dos meus artigos. "Você é a Mirian Goldenberg? Adoro o que você escreve, mas a minha mulher não concorda com as suas opiniões." "Você é a Mirian Goldenberg? Sou sua fã. Leio sempre o que você escreve. É muito importante o que você está fazendo por nós, mulheres. Nós precisamos ouvir as coisas que você diz."

Recebo, também, inúmeros e-mails de homens e mulheres comentando os meus artigos e falando de suas próprias intimidades. E-mails que guardo como um tesouro, com longas histórias de traições, paixões, sofrimentos e medos. Sempre me surpreendo com o fato de eles se abrirem comigo sem me conhecer pessoalmente. Com o fato de, na rua ou no computador, tratarem-me como uma amiga íntima.

Algumas vezes os meus leitores e leitoras me sugerem temas para artigos ou livros. Uma das sugestões mais interessantes foi a de uma mulher indignada com a preferência do marido pelas "mulheres leves".

> Não aguento mais ouvir meu marido dar exemplos de mulheres leves. Ele diz que sou muito preocupada, estressada, tensa, intensa. Por coincidência, todos os exemplos que ele dá são de mulheres que não trabalham ou que têm empregos que não exigem muito. Por que você não escreve sobre esta obrigação das mulheres de serem leves? Leves de quê? De corpo? De comportamento? De personalidade? Ele vive me

acusando de ser difícil, complicada, controladora, exigente, e elogiando as mulheres leves... O que isto quer dizer exatamente? Que devo ser sempre alegrinha, divertida, superficial, submissa, agradável, compreensiva e aceitar suas chatices sem reclamar? Você precisa escrever sobre a ditadura da leveza.

Em outra ocasião, estava no Shopping Leblon tomando um café com uma amiga, quando ela me sugeriu que eu escrevesse sobre as "mulheres bege".

Mirian, você tem que escrever sobre as mulheres bege. Já reparou que as mulheres ricas são todas bege dos pés à cabeça? As pobres são coloridas, exuberantes, exibem o corpo em decotes e minissaias, cabelos compridos, alisados e tingidos, unhas e batons vermelhos. As ricas são contidas, neutras, discretas, apagadas. As pobres são hipervisíveis, as ricas querem ser invisíveis.

Infelizmente, não tenho a capacidade de refletir e escrever sobre todas as boas ideias que me são sugeridas. Adoraria ter escrito sobre as mulheres leves e, também, sobre as mulheres bege, mas continuo devendo esses artigos a elas.

INTIMIDADE

Em uma reunião de pesquisa, uma de minhas orientandas contou que um de seus colegas disse que ela fazia uma antropologia carioca. Ela se sentiu desqualificada por não fazer o que seria, de acordo com o seu acusador, uma verdadeira antropologia. Esta acusação pode ser interpretada de um outro ponto de vista, muito mais positivo. Faço, assim como meus orientandos, uma antropologia na cidade do Rio de Janeiro, mas, também, da cidade do Rio de Janeiro.

Apesar de ter nascido em Santos, e morado na cidade de São Paulo durante cinco anos, desde 1978 a cidade do Rio de Janeiro é o lugar onde escolhi morar e onde vivi os melhores momentos da minha vida. Apesar de o meu sotaque ainda denunciar minha origem paulista, lá, em São Paulo, todos acham que me transformei em uma verdadeira carioca, não só pelo sotaque, mas, principalmente, pelo estilo de vida e pelo amor que tenho pelo Rio de Janeiro. Em muitas entrevistas que dou para jornais e revistas, os jornalistas (que não me perguntam de onde sou) começam a matéria com: "a antropóloga carioca Mirian Goldenberg...". Não foi à toa que escolhi, para minha tese de doutorado, estudar a vida de Leila Diniz, um mito de mulher revolucionária e considerada, até hoje, a melhor representante do espírito carioca.

Então, por que não uma antropologia carioca?

A cidade do Rio de Janeiro é um cenário privilegiado para analisar os corpos, valores e comportamentos das mulheres e dos homens. Aqui há, como diria Malinowski, uma explosão de significados em uma simples observação nas ruas ou nas praias. Sinto uma verdadeira frustração por não conseguir escrever sobre fatos do cotidiano carioca que demandam uma reflexão aprofundada. Sinto também uma profunda admiração por aqueles que, como Gilberto Freyre, conseguiram ser tão criativos e inteligentes ao analisar fatos corriqueiros e aparentemente sem nenhum significado, mas que revelam muito sobre a cultura brasileira.

Os encontros e os e-mails dos meus leitores me estimularam a organizar este pequeno livro. É um livro despretensioso, leve, carinhosamente escrito para refletir sobre questões do meu dia a dia na cidade do Rio de Janeiro.

Uma conversa íntima com cada um dos meus leitores e leitoras.

Intimidade íntima

Nos últimos meses, tenho debatido com os meus alunos e amigos uma ideia que tem me chamado atenção: o fato de as mulheres reclamarem que não conseguem ter intimidade com os maridos ou namorados.

No entanto, quando pergunto para os homens, eles acham que têm intimidade com suas parceiras, com quem compartilham momentos que consideram muito íntimos, como fazer sexo, beijar, trocar carinhos, ficar nu. Para eles, a intimidade é da ordem do corporal, do toque, da visão. É uma intimidade sexual. É uma intimidade física.

Elas reagem: esta não é a verdadeira intimidade, não é uma intimidade íntima. Intimidade, para elas, é um tipo muito particular de estar juntos, de conversar, de escutar, de compartilhar o silêncio, um nível mais profundo de comunicação psicológica. É uma intimidade emocional.

Para eles, a intimidade tem gradações, níveis, escalas. Eles podem ter mais ou menos intimidade, pouca ou muita intimidade, falar de um problema com alguns familiares e de outro com amigos. Eles hierarquizam e medem a intimidade que têm com as pessoas, classificam com quem podem (ou não) falar sobre mulheres, trabalho, futebol, política etc. É uma intimidade repartida, partida.

Para alguns homens, a intimidade é da ordem do segredo, do que pode ser dito apenas para aqueles em quem confiam (pais, irmãos, esposa, namorada, amigos) ou do que não pode ser dito para ninguém: "é algo só meu, do meu interesse." Muitos disseram que só têm intimidade total consigo mesmos: que existem coisas que só podem e devem ser ditas para si. Coisas que não interessam a mais ninguém, que devem ser guardadas, reservadas, protegidas.

Alguns homens me disseram que, quando estão com problemas no trabalho ou com a mulher, desabafam com o amigo que diz: "vamos beber." Conside-

INTIMIDADE

ram que assim conseguem esquecer o problema que, efetivamente, passa. Já as mulheres ruminam, por muito tempo, os seus problemas. Repetem exaustivamente as mesmas questões sem buscarem uma solução. Nenhuma me disse que adota a tática do "vai passar, vamos beber e esquecer".

Os homens querem esquecer, as mulheres relembram incessantemente. Eles querem resolver o problema, de preferência muito rapidamente. Elas querem refletir sobre o problema, sem necessariamente resolvê-lo. Os familiares e amigos íntimos são fundamentais para reforçar tanto a postura de esquecer quanto a de refletir sobre os problemas. Os homens têm uma visão prática da intimidade. É uma intimidade objetiva. Já as mulheres têm uma percepção reflexiva da intimidade. É uma intimidade subjetiva.

Para as mulheres, a intimidade está relacionada a uma forma específica de conversar, não ao seu conteúdo. É uma intimidade sem gradação, nível, escala. Ou se tem, ou não se tem intimidade. É uma intimidade única. É um jeito de falar sobre si, e de ser escutada pelo outro, sem interferências, sem medo de ser julgada, rejeitada, criticada, ironizada. É um tipo de conversa especial, de entrega singular, de quem fala e de quem

escuta. É uma conversa em que existe aceitação, respeito, troca, apoio, em que os dois podem ser vulneráveis e
revelar suas fragilidades e medos. Pode ser uma intimidade silenciosa. O importante é que não exista ruptura,
ruído, atrito, neste tipo de encontro.

A intimidade feminina é singular, especial, a dois.
Não necessita de um tópico especial ou de um segredo. É um jeito muito particular e valorizado de falar e,
principalmente, de escutar. O outro deve ser maleável,
flexível, adaptável, para saber como ser passivo, e simplesmente escutar sem interferir, ou, quando necessário, ser ativo e dar algum tipo de resposta. É um nível
profundo e psicológico de comunicação e de reciprocidade. É uma intimidade íntima. Coisa que, elas dizem, os homens são incapazes de compreender.

É possível perceber que as mulheres falam de si
mesmas como superiores aos homens neste domínio
tão valorizado por elas e considerado pouco elabora-
do na vida deles. Elas se acham mais sensíveis, madu-
ras e profundas do que eles, que são vistos como mais
carnais, físicos, sexuais. A intimidade íntima parece
ser um privilégio e, também, um poder feminino. O
que revela que as mulheres podem exercer dominação
exatamente nos domínios em que constroem e hierar-

quizam diferenças de gênero. Domínios em que os homens são esmagados pela superioridade feminina.

É interessante pensar que esta onipresença da ideia de intimidade nas minhas pesquisadas pode ser parte de um discurso de dominação, que legitima o poder feminino em tudo o que se relaciona ao mundo privado, ao mundo das emoções, dos sentimentos e das relações entre os gêneros.

Intimidade

Em um dos meus grupos de pesquisa, uma viúva de 68 anos me disse que está muito feliz, pois namora um homem bem mais jovem do que ela. Ele tem 40 anos e é casado com uma mulher de 32. Ela contou que eles se encontram quase todos os dias da semana, sempre na hora do almoço.

Ele diz que está comigo porque sou carinhosa, compreensiva, alegre, leve. Ele me chama de *sweetheart*. Reclama que a mulher dele é muito mandona, briga muito, exige demais. Ele morre de medo dela. Sabe como ele chama a mulher? Bruxa, megera, autoritária... Ele sente falta de carinho, quer alguém que cuide dele, que o admire. Sei que não é por falta de opção que ele está comigo. Então, eu capricho. Estou sempre cheirosa e arrumada, sou muito carinhosa e atenciosa, faço massagem nos pés dele, preparo comidinhas gostosas, sou compreensiva, digo que ele é o melhor amante do mundo. Não cobro nada, não reclamo de nada. E ele sempre volta para mim.

Recentemente, após um debate sobre infidelidade nos casamentos contemporâneos, uma mulher me disse: "você tem que me entrevistar, eu tenho uma Outra." Ela contou que é casada há dez anos, tem dois filhos e que sempre achou, e ainda acha, que é 100% heterossexual. Mas disse que está tendo um caso com uma mulher que consegue lhe dar tudo o que falta na relação com o marido: atenção, carinho, delicadeza, diálogo, amizade e, especialmente, longos e deliciosos momentos de intimidade física e emocional.

Sou heterossexual. Só que nunca consegui ter a intimidade que tanto desejo com um homem. Eles não sabem dar um abraço aconchegante ou escutar verdadeiramente uma mulher. O sexo com minha amiga é consequência de horas e horas de intimidade. Só com ela consegui ter a intimidade que sempre busquei. Nunca me senti tão próxima de um ho-

INTIMIDADE

mem, nunca me senti tão escutada por um homem. Acho que os homens são completamente ignorantes em tudo o que diz respeito à intimidade.

Os meus pesquisados acreditam em naturezas diferentes para homens e mulheres, naturezas que geram dificuldades, conflitos e frustrações nas relações amorosas. Uma das maiores insatisfações femininas, entre as inúmeras citadas, é a impossibilidade de experimentar uma verdadeira intimidade com o parceiro.

A intimidade, para elas, está associada a uma forma mais profunda de comunicação, de conversa, de escuta; e também a um tipo especial de entrega emocional e amorosa. Elas acreditam que os homens são incapazes de serem mais subjetivos, mais reflexivos, mais interiorizados. Acreditam, também, que eles são imaturos, superficiais e alienados; que eles não conseguem expressar seus sentimentos, desejos e sofrimentos como elas.

Nos discursos femininos é possível enxergar a ideia de que a natureza da mulher, em termos de autoconhecimento e de exploração da subjetividade, é superior à masculina. A objetividade, praticidade e racionalidade masculinas, bastante valorizadas em outros contextos, tornam-se impedimentos para um relacionamento íntimo. Elas se sentem lesadas por acreditarem que investem muito mais do que eles nesta busca por intimidade.

Já o discurso masculino revela que eles se sentem injustamente cobrados por não conseguirem corresponder às excessivas demandas das mulheres. Eles dizem que não se sentem compreendidos ou aceitos por elas, que parecem permanentemente insatisfeitas e não reconhecem seus esforços para responder às ilimitadas e contraditórias exigências femininas.

Chama muita atenção o fato de as mulheres reclamarem da falta de intimidade com seus parceiros, enquanto os homens se queixam da falta de compreensão de suas mulheres. Esta me pareceu a diferença de gênero mais marcante entre os meus pesquisados. Do lado feminino, a ânsia por intimidade. Do masculino, a busca por compreensão. Talvez aqui, neste descompasso entre os desejos femininos e masculinos, esteja a chave para se compreender os atuais conflitos nos arranjos conjugais. Pode-se perceber, nos discursos de homens e mulheres, um verdadeiro abismo entre os gêneros quanto ao valor e ao significado da intimidade e da compreensão nos relacionamentos amorosos.

Infidelidade virtual

De acordo com os dados do IBGE, 71% dos pedidos de separação feitos por mulheres são motivados por traição masculina.

A infidelidade masculina é tão recorrente no Brasil que movimenta um mercado próprio. Na internet, um site chamado Álibi presta um serviço para arrumar, justamente, álibis. Eles enviam convites para eventos, fazem reservas em hotéis e prestam assistência telefônica. Assim, se uma esposa quiser entrar em contato com seu marido (infiel), uma recepcionista atenderá de maneira a garantir que ela acredite que ele está ocupado trabalhando ou em algum evento importantíssimo (e não com sua amante, como efetivamente está). Também na internet existem chats destinados apenas a pessoas casadas interessadas em encontros com outras pessoas casadas.

Conheci inúmeros casos que começaram pela internet e provocaram intensas paixões, mas, também, causaram sofrimentos, ciúmes, separações, instigando uma discussão acirrada sobre se as relações que se limitam ao computador devem ser consideradas infidelidades ou apenas uma nova forma de masturbação estimulada pelas novas tecnologias.

Entrevistei homens e mulheres que disseram ter uma vida amorosa e sexual bastante intensa e excitante com seus amantes virtuais. Eles disseram estar bastante satisfeitos com esse tipo de relacionamento virtual, afirmando não querer encontrar com seus amantes no mundo real. Disseram também que as vantagens desse tipo de relação são incomparavelmente superiores às desvantagens, tais como: poder estar com o amante somente quando tem vontade; deletar o amante quando está cansado dele; não correr o risco de contrair doenças; não se sentir traindo verdadeiramente o cônjuge já que a relação é apenas virtual.

Uma das mulheres que pesquisei relaciona-se, há quase um ano, com um homem que conheceu na internet. Ele mora em uma pequena cidade dos Estados Unidos e ela no Rio de Janeiro. Ele tem 43 anos, ela 47. Falam-se todos os dias, algumas vezes chegam a conversar mais de seis horas, durante a madrugada. Ela me disse que tem muito mais intimidade com ele do que com o marido.

> É um tipo de namoro antigo, uma intimidade a distância, por mais paradoxal que possa parecer. É uma sedução e uma conquista passo a passo, como não existe mais no mundo real. Primeiro nos conhecemos, começamos a conversar muito só teclando. Depois nos falamos pelo skype, só com o microfone. Eu enviei minhas fotos, ele enviou as dele. Só depois de alguns meses concordei em ligar a minha câmera de vídeo. Conversamos todas as noites, quando o meu marido está dormindo ou viajando. É tudo muito romântico. Ele fala muito em vir para o Brasil, quer se casar comigo. Eu quero continuar como estamos. Nunca tive este tipo de conversa tão profunda com outro homem, não sei se é porque ele não é brasileiro, não sei se é porque só temos isso para oferecer um ao outro. Mas não quero correr o risco de perder algo tão importante para mim: a nossa intimidade. Sei que pode ser só uma fantasia e que tudo pode acabar se nos encontrarmos no mundo

real. Mas prefiro a intimidade que temos no mundo virtual do que a intimidade que jamais tive no mundo real, mesmo que seja apenas uma ilusão de intimidade.

O mais interessante no depoimento é perceber o paradoxo que esta mulher aponta: a relação virtual é considerada um tipo de namoro mais tradicional, mais lento, passo a passo, como os de antigamente. Paradoxo ainda mais instigante quando ela afirma que, mesmo a distância e sem nunca ter encontrado o amante, tem mais intimidade com ele do que tem com o marido, com quem vive na mesma casa há muitos anos. Paradoxo que se acentua quando ela afirma que, para não perder o que é mais importante para ela — a intimidade —, prefere nunca se encontrar com o amante e manter o relacionamento apenas no mundo virtual.

Será que a internet se tornou um espaço privilegiado para se encontrar aquilo que se deseja e que não se encontra no mundo "real"? A "realidade" da internet permite uma intimidade que seria impossível na "realidade real", ou, como diz a minha pesquisada, ao menos a ilusão de intimidade?

Fidelidade paradoxal

Na minha pesquisa com indivíduos das classes médias da cidade do Rio de Janeiro, quando perguntei: "Quais os principais problemas que você vive ou viveu em seus relacionamentos amorosos?", homens e mulheres responderam, em primeiro lugar: ciúmes e infidelidade. A principal queixa masculina foi, basicamente, falta de compreensão. Já as mulheres responderam: egoísmo, incompatibilidade de gênios, falta de segurança, falta de confiança, falta de sinceridade, falta de diálogo, falta de liberdade, falta de paciência, falta de atenção, falta de companheirismo, falta de maturidade, falta de amor, falta de carinho, falta de tempo, falta de tesão, falta de respeito, falta de individualidade, falta de dinheiro, falta de interesse, falta de reciprocidade, falta de sensibilidade, falta de romance, falta de intensidade, falta de responsabilidade, falta de pontualidade, falta de cumplicidade, falta de igualdade, falta de organização, falta de amizade, falta de alegria, falta de paixão, falta de comunicação, falta de conversa etc. Algumas ainda afirmaram que falta tudo.

Enquanto os homens foram extremamente objetivos e econômicos em suas respostas, algumas mulheres chegaram a anexar e grampear folhas ao questionário para acrescentar mais e mais faltas.

Outro dado interessante da pesquisa é o diferente posicionamento de homens e mulheres no que diz respeito à traição. Os homens se justificam por terem uma natureza propensa à infidelidade. Eles dizem trair por instinto, vocação, atração física, vontade, tesão, oportunidade, disponibilidade, galinhagem, *hobby*, testicocefalia. Nas respostas femininas encontrei: insatisfação com o parceiro, falta de amor, falta de romance, falta de atenção, para levantar a autoestima, vingança, além de um número significativo de mulheres que traem porque não se sentem mais desejadas pelos parceiros. As mulheres culpam os maridos ou namorados por elas serem infiéis.

INTIMIDADE

Encontrei, também, a ideia de que o importante é acreditar na fidelidade, muito mais do que ser efetivamente fiel. O depoimento de um dos meus pesquisados é exemplar para compreender o paradoxo da infidelidade. Para ele, o cafajeste, o homem que é mestre em ser infiel, pode ser considerado "o homem mais fiel do mundo", porque sabe representar muito bem o papel de homem fiel com diferentes mulheres (e não apenas com uma).

Sabe qual é o maior paradoxo? O cafajeste é o cara mais fiel do mundo. Ele é o único que faz com que as mulheres se sintam únicas. Cada mulher com quem ele se relaciona se sente especial na vida dele. E é isso o que uma mulher quer ser: única, ou melhor, ela quer acreditar que é a única. O cafajeste é o único cara que consegue transar com dez mulheres e fazer com que cada uma das dez se sinta a única na vida dele. Não é isso o que as mulheres querem? Serem únicas? Então o cafajeste é o cara mais fiel do mundo. É o único que faz com que dez mulheres acreditem que ele é fiel e que elas todas são únicas. Moral da história: é melhor ser cafajeste do que um cara fiel, porque elas acreditam mais no cafajeste do que em nós. Não é um paradoxo maluco?

Apesar de muitos comportamentos masculinos e femininos não estarem mais tão distantes, inclusive no que diz respeito à traição — como mostram os dados da minha pesquisa em que 60% dos homens e 47% das mulheres afirmam já terem sido infiéis —, os discursos femininos e masculinos são extremamente diferentes.

Pode-se notar, ao analisar estes dados, que os homens justificam suas traições por meio de uma suposta natureza masculina. Já as mulheres infiéis dizem que seus parceiros, com suas faltas e infidelidades, são os verdadeiros responsáveis por suas relações extraconjugais. Ou seja, no discurso dos pesquisados, a culpa da traição é sempre do homem: seja por sua natureza incontrolável, seja por seus inúmeros defeitos (e faltas) no que diz respeito ao relacionamento. Se é inquestionável que, nas últimas décadas, houve uma revolução nas relações conjugais, pode-se verificar que, na questão da infidelidade, ainda parece existir um privilégio masculino, isto é, ele é o único que se percebe e é percebido como sujeito da traição. Enquanto a mulher, mesmo quando trai, continua se percebendo como uma vítima, que no máximo reage à dominação masculina.

O capital marital

Logo após retornar de uma viagem pela Alemanha, onde dei conferências e palestras em diferentes universidades com o título *O corpo como capital na cultura brasileira*, iniciei uma pesquisa na cidade do Rio de Janeiro com mulheres de 50 a 60 anos. Comparando o discurso das cariocas pesquisadas com o de algumas mulheres que entrevistei na Alemanha, da mesma faixa etária, pude perceber algumas questões interessantes.

Em primeiro lugar, a ênfase na decadência do corpo e na falta de homem é uma característica marcante do discurso das brasileiras. Muitas me disseram que passaram a se sentir invisíveis depois dos 40, por não receberem mais elogios ou por não serem paqueradas na rua. Algumas me disseram, com tristeza, "ninguém mais me chama de gostosa". A ideia de invisibilidade, e também a de aposentadoria da vida sexual e afetiva, esteve muito presente no discurso das brasileiras pesquisadas.

Já as alemãs, ao contrário, enfatizaram a riqueza do momento que estão vivendo, em termos de realizações profissionais, afetivas, intelectuais e culturais. Disseram que consideram uma falta de dignidade uma mulher querer parecer mais jovem ou se preocupar em ser sexy, uma preocupação infantil incompatível com a maturidade esperada nesta idade. A aparência jovem não é tão valorizada por elas e, sim, a experiência de vida, a personalidade, a realização profissional, a saúde e a qualidade de vida.

Algumas alemãs me disseram que não compreendem por que tantas brasileiras gostam de receber cantadas na rua e serem chamadas de gostosas. Uma me disse, enfaticamente, "você mesma é que deve se sentir atraente. Você não precisa de ninguém para dizer se é sexy ou não. É muito infantil esta postura. Eu sei avaliar se sou atraente ou não. É só me olhar no espelho. É uma falta de dignidade ser tão dependente do olhar dos homens".

INTIMIDADE

Em minha observação comparativa destes dois universos, as alemãs me pareceram muito mais confortáveis com o próprio envelhecimento do que as brasileiras. Na Alemanha, observei mulheres que parecem muito poderosas objetivamente (em suas profissões e relações afetivas), mas também subjetivamente. No Brasil, tenho constatado um abismo enorme entre o poder objetivo das mulheres pesquisadas, o poder real que elas conquistaram em diferentes domínios (sucesso, dinheiro, prestígio, reconhecimento, e até mesmo a boa forma física) e a miséria subjetiva que aparece em seus discursos (decadência do corpo, gordura, flacidez, doença, medo, solidão, rejeição, abandono, vazio, falta, perda e invisibilidade).

Observando a aparência das alemãs e das brasileiras pesquisadas, as últimas parecem ser muito mais jovens e em boa forma do que as primeiras, mas se sentem subjetivamente muito mais velhas e desvalorizadas do que elas. A discrepância entre a realidade objetiva e os sentimentos subjetivos das brasileiras me fez perceber que aqui o envelhecimento é um problema muito maior, o que pode explicar o enorme sacrifício que muitas fazem para parecer mais jovens, por meio do corpo, da roupa e do comportamento. Elas constroem seus discursos enfatizando as perdas que vivenciam, e não suas conquistas objetivas. Em uma cultura, como a brasileira, em que o corpo é um importante capital, o envelhecimento parece ser vivido como um momento de grandes perdas.

Diferentemente das alemãs, as brasileiras centram o seu discurso na figura masculina. Repetem, insistentemente, que "falta homem no mercado". As que se mostraram mais felizes com suas vidas, entre as brasileiras pesquisadas, são aquelas casadas há muitos anos. Além de afirmarem que estão muito satisfeitas, disseram que os seus maridos são completamente dependentes, acomodados, inseguros e infantis. O interessante é que, em quase todos os casos, o marido é o principal provedor da família, tendo um salário muito superior ao da esposa.

A partir dos depoimentos das minhas pesquisadas, constatei a existência de uma riqueza extremamente valiosa para as brasileiras: o marido. Ter um marido, um casamento considerado sólido e satisfatório, é visto como um verdadeiro capital para as brasileiras pesquisadas. Elas se sentem duplamente poderosas, pois, além de terem um marido, acreditam que são mais fortes, independentes e interessantes do que ele.

INTIMIDADE

Em um mercado de casamento em que os homens são escassos, principalmente na faixa etária pesquisada, as casadas sentem-se superiores por terem um produto raro e altamente valorizado pelas mulheres brasileiras e por se sentirem únicas e imprescindíveis para os seus maridos. Acreditam, também, que os maridos são completamente fiéis a elas.

Seria mais adequado chamar esta riqueza que parece ser tipicamente brasileira, ao menos quando comparada ao que as alemãs valorizam, de "capital maridal". Mas, mesmo perdendo um pouco da precisão da ideia, parece-me mais elegante denominá-la de "capital marital".

A Outra

Há mais de vinte anos venho pesquisando a (in)fidelidade masculina e feminina no Brasil. Para o meu primeiro estudo sobre o tema, entrevistei mulheres de diferentes gerações que foram, ou ainda são, as Outras.

As Outras que pesquisei acreditam que, em determinada fase da vida, sobretudo depois dos 40, é praticamente impossível encontrar um homem que não seja casado. Assim, consideram muito melhor ter um companheiro, mesmo que ele seja casado com outra mulher, do que ficarem sozinhas. No caso de não ter um marido, ter um amante é uma opção que consideram bastante satisfatória, tendo em vista as outras alternativas que se apresentam para as mulheres mais velhas (a solidão, o marido traidor ou um casamento insatisfatório).

A crença na fidelidade do parceiro é fundamental. Elas enfatizam que recebem provas constantes de que são as únicas. A infidelidade é percebida como sintoma de uma patologia ou insuficiência da relação amorosa. Não é uma questão moral ou obrigatória. É uma impossibilidade sentimental. A fidelidade do amante é um valor tão básico que, sem ela, a relação não sobreviveria. Elas acreditam, ou precisam acreditar, que são únicas, especialmente no domínio sexual.

Pode-se enxergar, nos discursos das Outras, uma contabilidade comparativa em termos do tempo que o homem casado dedica à esposa ou à amante. As Outras se preocupam em demonstrar que passam muito mais tempo com o amante do que ele passa com a esposa, além de afirmarem que a qualidade do tempo que passam é muito maior, em termos de companheirismo e intimidade. A medida mais importante para as Outras é a de que eles estão com elas sem nenhuma obrigação de estar. Com as esposas, dizem, eles estão apenas por obrigação.

Mesmo que eles passem mais tempo com a esposa e com a família do que com as amantes, esse é um tempo que não é considerado tão valioso quanto o que elas possuem, um tempo movido pelo desejo, pelo prazer, pelo amor. Um tempo dedicado por vontade própria e não por constrangimentos sociais ou familiares.

É interessante pensar como a liberdade de escolha do amante é utilizada como justificativa para valorizar a situação que vivem. O discurso da Outra é construído a partir de uma oposição básica: liberdade *versus* obrigação. A Outra é a escolha livre e desinteressada, a esposa é a obrigação compulsória. Assim, a Outra justifica a ausência do parceiro nos momentos e datas que são percebidos como do domínio familiar: Natal, festas de fim de ano, aniversários, férias. Tempos em que, elas acreditam, o amante está ausente apenas porque tem obrigações familiares a cumprir.

Na hierarquia de valores das Outras pesquisadas, a melhor posição é a da esposa (com um marido fiel), seguida da Outra (com um amante fiel), da mulher que está só e, por fim, da mulher casada com um marido que tem a Outra. Esta última, segundo elas, é a posição mais humilhante, submissa, passiva, dependente, insatisfatória. A pior posição é a da esposa que, as Outras acreditam, não tem vida sexual com o marido nem outros prazeres, apenas obrigações com os filhos e com a casa. Elas preferem ser as Outras do que serem sós, mas preferem ser sós a mal-acompanhadas (por um parceiro infiel). Como mostrei no livro *Coroas*, no Brasil, ter um marido é uma verdadeira riqueza, especialmente em um mercado afetivo e sexual em que os homens disponíveis para o casamento são escassos.

Criei o conceito de "capital marital" ao perceber que as mulheres casadas sentem-se poderosas e satisfeitas por terem um marido e, mais ainda, por acreditarem que ele é fiel e completamente dependente delas. Pode-se pensar que, no caso de não se ter o "capital marital", o amante fiel é considerado um outro tipo de capital, um pouco menos valorizado mas ainda desejado.

É importante destacar que, na hierarquia das pesquisadas, ficar sozinha está acima de ser a esposa traída. Portanto, a figura do homem não é incondicionalmente soberana. Apesar de o marido ou o amante serem verdadeiros capitais, eles perdem completamente o valor quando são infiéis. O que reforça a ideia de que a fidelidade é o principal valor para as pesquisadas, um capital muito mais valioso do que a presença de um homem em suas vidas.

Toda mulher é meio Leila Diniz?

Quando estava escolhendo o meu tema de tese de doutorado, pesquisei jornais e revistas que celebravam o 8 de março, Dia Internacional da Mulher. Queria escrever sobre uma mulher considerada importante para as mudanças de comportamento das brasileiras. Encontrei um mesmo nome e uma mesma fotografia em todos eles: Leila Diniz de biquíni com sua famosa barriga grávida.

Decidi, então, pesquisar a trajetória de Leila Diniz, atriz que eu apenas conhecia de nome. Sabia muito pouco de sua vida, já que nasci na cidade de Santos, muitos anos depois de Leila. Era ainda uma criança quando ela se tornou famosa na televisão e no cinema

Fiz uma pesquisa em jornais e revistas dos anos 1960 e 1970, vi todos os seus filmes, li as biografias existentes. Só depois fui entrevistar suas irmãs e irmão, primas, tios, psicanalista. Aos poucos, como tantos outros brasileiros, acabei me apaixonando por Leila Diniz, encantada com sua coerência e coragem na busca de liberdade e prazer.

Leila Diniz inventou seu lugar no mundo, fez um nome, tornou-se palavra autorizada na música de Erasmo Carlos ("Como diz Leila Diniz..."), eternizou seu nome no poema de Drummond ("Leila para sempre Diniz") e passou a ser adjetivo na música de Rita Lee ("Toda mulher é meio Leila Diniz"). Afinal, era ela quem dizia:

> Sou uma pessoa livre e em paz com o mundo. Conquistei a minha liberdade a duras penas, rompendo com as convenções que tolhiam meus passos. Por isso, fui muitas vezes censurada, mas nunca vacilei, sempre fui em frente. Tudo o que fiz me garantiu a paz e a tranquilidade que tenho hoje. Sou Leila Diniz, qual é o problema?

Ao escolher ter um filho fora do casamento, Leila rompeu com o estigma da mãe solteira. Sua fotogra-

INTIMIDADE

fia grávida, de biquíni, foi estampada em inúmeros jornais e revistas por ser a primeira mulher a exibir a gravidez. As grávidas de então escondiam suas barrigas em batas escuras e largas, mesmo quando iam à praia. As fotografias da barriga grávida, na praia de Ipanema, mostraram que a maternidade sem o casamento não era vivida como um estigma a ser escondido, mas como uma escolha feliz e consciente. Leila fez uma revolução simbólica ao revelar o oculto — a sexualidade feminina vivida de forma livre — em uma barriga grávida ao sol.

Leila fazia e dizia o que muitos tinham o desejo de fazer e dizer. Com os inúmeros palavrões na clássica entrevista a *O Pasquim*, com uma vida sexual e amorosa extremamente prazerosa, com o seu corpo grávido de biquíni, trouxe à luz do dia comportamentos, valores e ideias já existentes, mas que eram vividos como estigmas, proibidos ou ocultos. Não à toa, ela é apontada como uma precursora do feminismo no Brasil: uma feminista intuitiva que influenciou, decisivamente, as novas gerações.

Leila Diniz, ao afirmar publicamente seus comportamentos e ideias a respeito da liberdade sexual, ao recusar os modelos tradicionais de casamento e de família e ao contestar a lógica da dominação masculina, passou a personificar as radicais transformações da condição feminina (e também masculina) que ocorreram no Brasil no final da década de 1960. Sua morte precoce, aos 27 anos, consolidou a imagem libertária que permanece, mais forte do que nunca, até os dias de hoje.

Muitos anos após a sua morte, perguntei a indivíduos das camadas médias da cidade do Rio de Janeiro: "O que você mais inveja em um homem?" As mulheres responderam, em primeiríssimo lugar: liberdade. Quando perguntei aos homens: "O que você mais inveja em uma mulher?", a quase totalidade respondeu, categoricamente: nada. Será que é realmente possível dizer, como na música de Rita Lee, que hoje "toda mulher é meio Leila Diniz" quando as brasileiras continuam invejando a liberdade masculina? E os homens dizendo que não há nada a invejar nas mulheres?

Inesquecível

Quando perguntei para alguns homens cariocas: "Existe alguma mulher inesquecível na sua vida?", tive muitas respostas do tipo: "Minha ex-mulher, ela é a mulher da minha vida"; "Minha esposa, ela me fez crescer como homem"; "Minha ex-namorada, eu aprendi muito com ela", ou "Minha namorada, ela me transformou em um outro homem".

A mulher inesquecível, para eles, é aquela que ensina, transforma, instiga, provoca, desafia. Não é alguém que quer mudar o marido ou namorado com suas reclamações, cobranças e exigências. Os homens que pesquisei não gostam de mulheres que demandam muito. Eles querem mudar espontaneamente, para corresponder ao amor, admiração ou reconhecimento da "mulher da minha vida".

Uma ideia recorrente aparece nos depoimentos sobre a mulher inesquecível: "Ela me ensinou a ser alguém que eu sempre quis ser", que se traduz em diferentes âmbitos: "Ela me fez estudar o que sempre quis estudar, mas achava que não tinha capacidade"; "Ela me fez investir muito mais seriamente no meu trabalho"; "Ela mudou completamente o meu modo de vestir e de agir, eu era muito infantil antes dela"; "Ela me abriu o mundo da filosofia e dos livros"; "Se hoje estou fazendo doutorado, é mérito dela, eu nunca conseguiria sozinho".

Há uma característica fundamental para se tornar uma mulher inesquecível: ela deve provocar a admiração do parceiro. "Você é a mulher que eu mais admiro neste mundo", disse o marido de Mônica, no meu livro *Infiel*. "Eu sempre te amei, te amo e vou te amar, sempre, você é o grande amor da minha vida."

A mulher inesquecível não é necessariamente bonita, jovem, gostosa ou boa de cama, dizem. Outros capitais parecem ser muito mais importantes para uma mulher se tornar inesquecível: a capacidade de ensinar algo, de mudar a visão de mundo, de introduzir a mundos novos, de ser companheira, carinhosa, atenciosa, compreensiva. O poder que ela tem decorre

INTIMIDADE

de o parceiro acreditar que se tornou um homem melhor do que era antes de conhecê-la. Há uma ruptura com um passado em que ele era outro homem, com menos conhecimento, maturidade, satisfação.

Ouvi dos meus pesquisados a seguinte máxima: o homem brasileiro quer ser o primeiro na vida de uma mulher; já a mulher brasileira quer ser a única na vida de um homem.

É só abrir uma das inúmeras revistas femininas e ler os depoimentos de mulheres famosas sobre os seus namorados e maridos com "os olhos brilhando": "Ele me faz sentir que eu sou a mulher mais especial do mundo." É isso também o que dizem as Outras que pesquisei para justificar seus papéis de amantes de homens casados: "Eu sou a única, a número um, a especial, a verdadeira. Ele só está com a esposa por obrigação."

O filme de Domingos de Oliveira *Todas as mulheres do mundo* mostra o conflito de Paulo (interpretado por Paulo José), que abre mão de todas as mulheres do mundo para escolher só uma: Maria Alice (interpretada por Leila Diniz).

Leila Diniz, como aparece nos depoimentos para o meu livro *Toda mulher é meio Leila Diniz*, foi e é inesquecível porque fez com que os homens com quem namorou mudassem sua forma de ser e de lidar com as mulheres. Tornou-se inesquecível também para os amigos e amigas porque provocou uma verdadeira revolução em suas vidas, especialmente no que diz respeito à liberdade sexual e à vivência dos afetos.

E por que as mulheres brasileiras desejam tanto serem as únicas? Acredito que escondido no desejo de ser inesquecível está evidente o medo de ser invisível para os homens, especialmente quando envelhecem. Medo que assombra inúmeras mulheres que pesquisei: medo da invisibilidade. Viver para sempre na memória e lembrança de um homem que acha que encontrou "a mulher da minha vida" protege dessa morte simbólica. A mulher inesquecível torna-se imortal ao ser amada de uma forma única, ao conquistar o lugar de "a mulher da minha vida".

Ser bonita ou interessante não basta para ser inesquecível. Ser sexy ou gostosa também não. É algo que deve marcar a ferro e fogo a vida de um homem, um lugar que não será ameaçado por outras mulheres. É um lugar para uma única mulher, para uma mulher única, para sempre.

O que quer uma mulher? Ser única, inesquecível ou... imortal?

Elas querem o homem gay

Pedi para homens e mulheres cariocas responderem: "o que todo homem é?" Eles disseram: galinha, machista, infiel, safado, cafajeste, mulherengo. As mulheres responderam "que todo homem é": infiel, galinha e machista. As mesmas apontaram como o principal problema no relacionamento a infidelidade masculina.

Trinta por cento das mulheres pesquisadas afirmaram ter tido um único parceiro sexual ao longo da vida e outros 30% disseram ter tido dois ou três. As demais sabiam dizer exatamente com quantos homens tiveram relações sexuais, sendo que o número máximo citado foi de 27 parceiros. Já os homens responderam: não sei, não me lembro, difícil computar, bastante, menos do que eu gostaria, milhares, várias, um montão, algumas dezenas, mais de 100, mais ou menos 237. Mais interessante do que a quantidade de parceiros sexuais é pensar sobre a extrema precisão feminina e a total imprecisão masculina nas respostas, como se eles fizessem questão de demonstrar que não se lembram de suas parceiras sexuais.

Outra resposta curiosa é sobre "o que as mulheres invejam no homem". As respostas femininas mais frequentes foram: liberdade, força física, poder, independência, salário maior e, ainda, não ter cólica, não menstruar, não ter celulite, fazer xixi em pé ou fazer xixi em qualquer canto. A maioria dos homens disse que não inveja nada na mulher.

Nos depoimentos femininos há uma expectativa de que os homens sejam mais delicados, atenciosos, disponíveis, carinhosos, fiéis. As mulheres esperam, e até mesmo exigem, que os homens mudem seus comportamentos, no que diz respeito ao relacionamento amoroso, mas também na forma de se vestir e de se cuidar. Não é à toa que inúmeras matérias de jornais e revistas, assim como seriados e filmes americanos, mostram que o gay passou a ser objeto de desejo das mulheres independentes.

INTIMIDADE

Pelos dados que tenho encontrado, parece que o modelo tradicional de homem machão não apenas está em crise, mas está sendo ameaçado de extinção. E a mulher independente é apontada como uma das principais causadoras do desaparecimento da espécie, como pode ser visto em uma manchete do *Jornal do Brasil*: "Incertezas do fim do século causam deterioração física e psíquica no homem moderno."

Especialistas do mundo inteiro estão preocupados com a deterioração física e psíquica do homem moderno, que, além da competição agressiva com as mulheres, tem que enfrentar as grandes incertezas do fim do século. Na luta para a salvação do sexo masculino destaca-se o Canadá, onde já há programas de assistência psicológica ao homem.

A matéria assinala que a crise de identidade que os homens atravessam foi, em grande parte, provocada pela mudança no papel das mulheres, com quem passaram a competir em várias instâncias.

Já não ouvimos esta história antes, apenas com os papéis invertidos? É importante refletir sobre este tipo de matérias e, também, sobre muitos discursos femininos que repetem, exaustivamente, "O homem tem medo de mulher independente", "O homem se sente ameaçado com as conquistas femininas", "O homem está inseguro e frágil porque perdeu sua identidade". Estes discursos consolidam a ideia de que a mulher independente representa um perigo para o homem e é culpada pela crise que ele atravessa.

A mulher independente, em vez de ser vista como uma parceira que pode tirar dos ombros masculinos uma série de obrigações que lhe eram exclusivas, transforma-se em rival, disputando poder, emprego, regalias e exigindo demais do homem. Não é mais uma companheira a ser conquistada, mas uma inimiga a ser vencida.

A masculinidade se tornou um objeto de reflexão. Algo que era visto como natural, o poder do macho, passou a ser criticado, questionado, problematizado. Hoje, não existe mais a possibilidade de eleger um único modelo que servirá como referência de masculinidade para todos os homens. O machão está realmente em crise, já que está sendo obrigado a se deparar com outras formas de ser homem muito

INTIMIDADE

mais valorizadas. A brasileira não aceita mais um modelo de masculinidade baseado unicamente na força, no poder e na virilidade, embora muitos homens e, também, muitas mulheres, continuem alimentando este ideal.

Não basta ser pai

Recentemente, escrevi um artigo em que perguntava: "É possível uma efetiva igualdade entre os sexos se a mulher detém, quase exclusivamente, o direito e o dever de cuidar dos filhos?" Recebi dezenas de e-mails de homens e mulheres. Todos os homens escreveram para apoiar veementemente o meu argumento. No entanto, algumas mulheres discordaram, alegando que, em função da extrema importância do aleitamento materno, é uma obrigação exclusiva da mãe cuidar do bebê, pelo menos nos seus primeiros meses de vida.

Escrevi o texto após a Comissão de Direitos Humanos do Senado ter aprovado, por unanimidade, o projeto que aumenta de quatro para seis meses o período da licença-maternidade. Aplaudi a aprovação do projeto e a valorização da maternidade. Mas perguntei: "não está também na hora de respeitar o homem brasileiro, ou melhor, a paternidade?"

Aparentemente não, pois um outro projeto defende o aumento da licença-paternidade de cinco para quinze dias, com o objetivo de que os pais possam "ajudar" as mães nos primeiros dias de vida do bebê. Pensei em uma realidade oposta, como a da Suécia, em que a licença de mais de um ano para cuidar do recém-nascido é para a mãe e para o pai. O casal pode decidir quem ficará sem trabalhar para cuidar do bebê. A proposta visa a estimular o pai a assumir um papel ativo na criação dos filhos e a propiciar uma divisão mais igualitária das tarefas domésticas.

Todos sabem que os meses iniciais são fundamentais para assegurar a adaptação do bebê ao mundo, o que significa que cuidar de um recém-nascido é muito mais do que apenas garantir o aleitamento materno. Esse tempo é necessário para estabelecer o vínculo afetivo com a criança, indispensável para o seu desenvolvimento emocional e social. Cinco (ou quinze) dias são suficientes para que o pai participe da formação da criança, enquanto a mãe deve dedicar seis meses exclusivamente a essa tarefa?

INTIMIDADE

É possível pensar em uma efetiva igualdade entre os sexos quando a mulher detém o direito e o dever de cuidar dos filhos? Esse cuidado não pode (e deve) ser igualmente compartilhado pelos homens? É verdade que muitos homens recusam ou duvidam da própria competência para o exercício da paternidade. Contudo é fácil constatar, inclusive com a notável discrepância entre os dois projetos, que aqueles que querem exercer plenamente a paternidade estão impedidos de cuidar de seus filhos, já que as mulheres são percebidas como as legítimas detentoras do saber e do poder nesse âmbito. Elas são consideradas as únicas realmente necessárias no momento inicial da vida, cabendo ao pai, quando muito, a função de "ajudar" a mãe.

Limitados a um papel secundário ou terciário (quando o bebê é cuidado pela avó, babá ou empregada doméstica), são ainda acusados de imaturos, ausentes, irresponsáveis, incompetentes e inadequados como pais. Muitas mulheres vivem a maternidade como um poder que não querem compartilhar e percebem os homens como meros coadjuvantes — ou até mesmo figurantes — em um palco em que a principal estrela é a mãe.

Não é possível questionar a suposta superioridade feminina no domínio privado sem enfrentar uma forte reação das mulheres, inclusive de muitas que lutam pela completa igualdade entre os gêneros. Mas não seria exatamente nesse terreno, completamente dominado pelas mulheres, que se enraizaria a mais profunda desigualdade entre os sexos?

É muito difícil transformar uma realidade social quando ela é vista como da ordem da natureza, natureza que é usada para justificar o papel privilegiado da mãe e para marginalizar ou excluir o pai dos cuidados com o recém-nascido. No entanto, não existe absolutamente nada na natureza masculina que impeça um pai de cuidar, alimentar, acariciar, acalentar e proteger seu bebê, assim como não há uma natureza feminina que dê à mãe a autoridade de se afirmar como a única capaz de cuidar do recém-nascido. Os cinco (ou quinze) dias de licença-paternidade e os seis meses de licença-maternidade revelam a enorme desigualdade de gênero em nosso país.

Consolida-se, com esse abismo, o monopólio feminino dos prazeres, encargos e sacrifícios com os filhos. Reforça-se, também, a falta de respeito e de reconhecimento da importância do exercício da fun-

INTIMIDADE

ção paterna. Sem desmerecer a conquista das mulheres, muito pelo contrário, é mais do que necessário denunciar a injustiça e a discriminação que sofrem aqueles que querem exercer plenamente a paternidade.

Se as crianças de hoje aprenderem que o pai e a mãe podem ser igualmente disponíveis, atenciosos, responsáveis, protetores, presentes e amorosos, é possível que, em um futuro próximo, tenhamos uma verdadeira igualdade entre homens e mulheres, e a crença de que em nenhum domínio (público ou privado) um é superior ou mais necessário do que o outro.

O corpo como capital

Nos últimos anos, pesquisando homens e mulheres das classes médias do Rio de Janeiro, elaborei uma ideia que venho discutindo em meus livros e palestras: no Brasil, o corpo é um verdadeiro capital. Determinado modelo de corpo, na cultura brasileira contemporânea, é uma riqueza, talvez a mais desejada pelos indivíduos das classes médias e também das classes mais pobres, que percebem seu corpo como um importante veículo de ascensão social e, também, um importante capital no mercado de trabalho, no mercado de casamento e no mercado sexual.

Neste sentido, além de um capital físico, o corpo é, também, um capital simbólico, um capital econômico e um capital social. No entanto, é preciso ressaltar que este corpo capital não é um corpo qualquer. É um corpo que deve ser sempre sexy, jovem, magro e em boa forma. Um corpo conquistado por meio de um enorme investimento financeiro, muito trabalho e uma boa dose de sacrifício.

A ideia de "o corpo" como um capital surgiu a partir das minhas pesquisas na cidade do Rio de Janeiro. Por exemplo, ao perguntar às mulheres cariocas: "O que você mais inveja em uma mulher?", elas responderam: beleza em primeiro lugar, o corpo, em seguida, e inteligência em terceiro lugar. Quando perguntei aos homens: "O que você mais inveja em um homem?", tive como respostas: inteligência, poder econômico, beleza e o corpo.

Em outra questão, perguntei às mulheres: "O que mais te atrai em um homem?" Elas responderam: inteligência e o corpo. Quando perguntei aos homens: "O que mais te atrai em uma mulher?", encontrei: beleza, inteligência e o corpo. O corpo aparece ainda com maior destaque quando perguntei às mulheres: "O que mais te atrai sexualmente em um homem?" As respostas foram: tórax e o corpo. Para os homens: "O

INTIMIDADE

que mais te atrai sexualmente em uma mulher?" Tive:
bunda e o corpo.

Também perguntei: "Se você escrevesse um anún-
cio com o objetivo de encontrar um parceiro, como
você se descreveria? Como você descreveria o que
procura em um parceiro?" Nas respostas, o corpo aparece seguido de inúmeros adjetivos, tais como: sexy,
sensual, atraente, gostoso, definido, malhado, trabalhado, sarado, saudável, atlético, forte, firme, jovem,
magro e em boa forma. A cultura brasileira, particularmente a cultura carioca, a partir da valorização de
determinadas práticas, transforma o que é "natural", o
corpo biológico, em um corpo distintivo: "o corpo"
como capital.

Dois exemplos dos anúncios dos pesquisados ilus-
tram bem o que encontrei nas respostas:

Eu sou magra, jovem, cabelos loiros, longos e lisos,
bunda grande, seios durinhos, carinhosa e muito
gostosa. Procuro alguém de corpo sarado, másculo
e sexy!

> Eu sou alto, forte, bem-dotado, inteligente e romântico. Procuro uma mulher linda e gostosa, de cabelos longos, peitos fartos, bumbum arrebitado e com um corpo muito sexy.

No Brasil, e mais particularmente no Rio de Janeiro, o corpo trabalhado, cuidado, sem marcas indesejáveis (rugas, estrias, celulites, manchas) e sem excessos (gordura, flacidez) é o único que, mesmo sem roupas, está decentemente vestido. Pode-se pensar, neste sentido, que, além de o corpo ser muito mais importante do que a roupa, ele é a verdadeira roupa: é o corpo que deve ser exibido, moldado, manipulado, trabalhado, colorido, costurado, enfeitado, escolhido, construído, produzido, imitado. É o corpo que entra e sai da moda. A roupa, neste caso, é apenas um acessório para a valorização e exposição deste corpo capital.

Com a ideia de que "o corpo", no Brasil, é um verdadeiro capital é possível compreender por que as mulheres brasileiras, logo após as norte-americanas, são as maiores consumidoras de cirurgia plástica estética em todo o mundo, preenchimentos faciais, botox, tintura para cabelo, entre outros inúmeros procedimentos para conquistarem "o corpo".

INTIMIDADE

Pode-se dizer que ter "o corpo", com tudo o que ele simboliza, promove nos brasileiros uma conformidade a um estilo de vida e a um conjunto de normas de conduta recompensada pela gratificação de pertencer a um grupo de valor superior. "O corpo" surge como um símbolo que consagra e torna visíveis as extremas diferenças entre os grupos sociais no Brasil.

Imitação prestigiosa

Apesar de ter escrito o clássico *As técnicas corporais* em 1934, o antropólogo francês Marcel Mauss se tornou uma referência obrigatória para aqueles que buscam compreender um fenômeno característico dos tempos atuais: a valorização de um determinado tipo de corpo. Para Mauss, o conjunto de hábitos, costumes, crenças e tradições que caracteriza uma cultura também se refere ao corpo. Assim, há uma construção cultural do corpo, com uma valorização de certos atributos e comportamentos em detrimento de outros, fazendo com que haja um corpo típico para cada sociedade. Podemos dizer que a nossa cultura está inscrita e é revelada por nosso corpo.

Esse corpo, que pode variar de acordo com o contexto histórico e cultural, é adquirido pelos membros de cada sociedade por meio da "imitação prestigiosa": os indivíduos imitam atos, comportamentos e corpos que obtiveram êxito e viram ser bem-sucedidos.

Então, qual é o corpo que as brasileiras imitam?

Com o título *O corpo que eles desejam... não é o que elas querem ter*, a revista *Época* mostrou um fenômeno esquizofrênico da nossa época: mulheres querem seduzir homens com um corpo que está longe da preferência masculina.

O padrão de beleza desejado pelas mulheres brasileiras tem sido construído por meio de imagens das supermodelos, que se consagraram a partir dos anos 1980 e conquistaram status de celebridade nos 1990. Doenças como anorexia e bulimia se tornaram quase uma epidemia nos últimos anos, em uma geração que cresceu tentando imitar o corpo de Cindy Crawford, Linda Evangelista, Claudia Schiffer e, mais recentemente, da brasileira Gisele Bündchen. É curioso observar que os homens que responderam ao meu questionário elegeram como suas musas Sheila Carvalho, Luma de Oliveira, Luana Piovani, Mônica Carvalho e outras mulheres que estão muito longe das

INTIMIDADE

medidas das modelos das passarelas, modelos que possuem os corpos invejados (e, muitas vezes, imitados) pelas minhas pesquisadas.

Segundo a Sociedade Brasileira de Cirurgia Plástica, o brasileiro se tornou, logo após o americano, o povo que mais faz plástica no mundo: 629 mil brasileiros se submeteram a pelo menos um procedimento cirúrgico em 2008. As mulheres são a esmagadora maioria: 88%. De 2002 a 2003 cresceu em 43% o número de jovens que se operam: 13% do total dos que fazem plástica são jovens de menos de 18 anos. A operação das mamas é a primeira cirurgia mais realizada (33%), seguida da lipoaspiração (20%). No quesito insatisfação com o próprio corpo, as brasileiras só ficam atrás das japonesas (37% das brasileiras se disseram insatisfeitas) em uma pesquisa realizada com 3.200 mulheres de dez países. Só 1% das mulheres brasileiras se acha bonita; 54% das brasileiras já consideraram a possibilidade de fazer plástica e 7% já fizeram, índice mais alto entre os países pesquisados. Mas o que torna o Brasil especial nessa área é a rapidez com que a decisão é tomada.

São três as principais motivações femininas para fazer uma cirurgia plástica: atenuar os efeitos do envelhecimento, corrigir defeitos físicos e esculpir um corpo perfeito. No Brasil, esta última motivação é a que mais cresce: a busca de um corpo perfeito. Também com relação ao uso de botox e ao implante de próteses de silicone, o Brasil é o segundo no mundo, logo após os Estados Unidos. Desde 1995, o número de cirurgias para aumentar os seios das brasileiras quintuplicou. Nos últimos dez anos, cresceu 300% o número de cirurgia nos seios das adolescentes.

A obsessão com determinado modelo de corpo tem atrapalhado a vida sexual de muitos brasileiros, como revelam alguns depoimentos dos meus pesquisados.

Acho minha namorada linda, com o corpo lindo. Acho até engraçado quando ela tenta me mostrar que tem celulite, estria. Eu não consigo enxergar nada. O mais estranho é que ela não só quer que eu enxergue como quer que eu ache feio. Ela insiste tanto que eu vou acabar achando feio mesmo.

Muitas vezes estamos no meio da transa, no maior clima, e ela pergunta: estou gorda? Ou então insiste em transar no escuro para eu não ver o corpo dela. Perco totalmente o tesão.

INTIMIDADE

No Rio de Janeiro, onde as praias e a temperatura extremamente elevada durante quase todo o ano favorecem o desnudamento, a centralidade que a aparência física assume na vida cotidiana é muito mais evidente. A crença de que o corpo é um capital produz uma cultura de enorme investimento na forma física e, também, de profunda insatisfação com a própria aparência. Insatisfação que atinge, de acordo com pesquisas recentes, 99% das mulheres brasileiras.

Dominação masculina

O sociólogo Pierre Bourdieu afirmou, no livro *A dominação masculina*, que os homens tendem a se mostrar insatisfeitos com as partes de seu corpo que consideram pequenas demais, enquanto as mulheres dirigem suas críticas às regiões de seu corpo que lhes parecem grandes demais. O autor acredita que a dominação masculina, que constitui as mulheres como objetos simbólicos tem por efeito colocá-las em permanente estado de insegurança corporal, ou melhor, de dependência simbólica: elas existem primeiro pelo, e para, o olhar dos outros, como objetos receptivos, atraentes, disponíveis. Delas se espera que sejam femininas, ou seja, sorridentes, simpáticas, atenciosas, submissas, delicadas, discretas, contidas, apagadas ou até mesmo invisíveis. Neste caso, ser magra contribui para esta concepção de ser mulher. Sob o olhar dos outros, as mulheres são obrigadas a experimentar constantemente a distância entre o corpo real, a que estão presas, e o corpo ideal, o qual procuram infatigavelmente alcançar.

Um exemplo deste tipo de dominação é o que está ocorrendo no Brasil. Milhares de meninas e adolescentes sofrem de anorexia e bulimia. Só em Porto Alegre, não por coincidência uma das capitais de onde despontam as modelos brasileiras mais bem-sucedidas internacionalmente, 13% das adolescentes do sexo feminino sofrem de anorexia ou de bulimia. A anorexia e a bulimia parecem ter evoluído da condição de patologia para a categoria de estilo de vida. Inúmeras páginas pessoais na internet divulgam movimentos pró-anorexia e pró-bulimia. São chamadas de "amigas da Ana" e "amigas da Mia", dando dicas para aquelas que desejam aderir a um estilo de vida que tem a magreza como modelo a ser seguido.

Milhares de adolescentes estão usando a internet para ensinar outras jovens a serem anoréxicas e bulímicas, pregando a inapetência e a autopunição sempre que comerem. As páginas são assustadoras, com fotografias de meninas esquálidas apontadas como modelos de beleza, dicas de como fingir para pais e amigos que estão alimentadas e formas de se punir caso comam algo que engorda. Os sites divulgam os seguintes mandamentos: "você não deve comer sem se sentir culpada. Você não deve comer algo que engorda sem se punir depois. Ser magra é mais importante do que ser saudável. Você nunca está magra. Ser magra é a coisa mais importante que existe. Não engula! Morda, mastigue e jogue fora! Durma pouco. Dessa forma você queima mais calorias. Limpe banheiros ou ambientes bem sujos. Você perde a fome. Diga que você vai comer no quarto e jogue a comida fora. Em casa, diga que vai comer com os amigos. Aos amigos você diz que já comeu em casa."

Por outro lado, dentro da mesma lógica de dominação masculina, os homens são obrigados a serem fortes, potentes e viris. Inúmeros rapazes já morreram no Brasil por consumirem anabolizantes para animais. Um trabalho interessante sobre a obsessão masculina em responder a um ideal de ser homem, ancorado em um corpo musculoso, na performance sexual e no tamanho do pênis, é *O complexo de Adônis*. Seus autores afirmam que milhões de homens estão sacrificando aspectos importantes de suas vidas para se exercitarem compulsivamente nas academias. Milhões de dólares são gastos em suplementos alimentares e esteroides anabolizantes, que causam câncer, hepatite e outras doenças graves. Além destas drogas perigosas, os distúrbios alimentares são cada vez mais frequentes neste universo. Os autores revelam que mais de um milhão de norte-americanos, especialmente adolescentes e meninos, desenvolveram o distúrbio dismórfico corporal, representado por uma preocupação excessiva com supostas falhas na aparência, como o tórax pequeno ou o pênis diminuto.

Basta, segundo os autores, uma rápida olhada na internet para descobrir o exagero de técnicas de aumento de pênis hoje comercializadas, sendo a indústria do aumento do pênis uma parte significativa da crescente indústria da imagem corporal masculina, estimulando e aumentando as inseguranças dos homens a respeito dos seus corpos. O estudo destaca que estes homens, meninos e adolescentes, sofrem silenciosamente, em segredo, não conversam sobre seus problemas, uma vez que, em nossa sociedade, os "homens de verdade" não devem demonstrar preocupação com a aparência, pois podem ser acusados de homossexuais.

INTIMIDADE

Para Pierre Bourdieu, a estrutura impõe suas pressões aos dois termos da relação de dominação, portanto aos próprios dominantes, que são "dominados por sua dominação", fazendo um "esforço desesperado, e bastante patético, mesmo em sua triunfal inconsciência, que todo homem tem que fazer para estar à altura de sua ideia infantil de homem". A preocupação dos rapazes e homens brasileiros com a altura, força física, medida do tórax, potência, poder, virilidade e, particularmente, com o tamanho do pênis pode ser vista como exemplo desta dominação que o dominante também sofre.

O corpo da moda

Já na década de 1980, o antropólogo Gilberto Freyre, como sempre de forma pioneira e polêmica, buscou pensar o corpo e o comportamento da mulher brasileira. Em seu livro *Modos de homem, modas de mulher*, Freyre afirmava que:

> Pode-se dizer da mulher que tende a ser, quanto a modas para seus vestidos, seus sapatos, seus penteados, um tanto maria-vai-com-as-outras. Portanto, a corresponder ao que a moda tem de uniformizante. Mas é da argúcia feminina a iniciativa de reagir contra essa uniformização absoluta, de acordo com características pessoais que não se ajustem a imposições de uma moda disto ou daquilo. Neste

particular, é preciso reconhecer-se, na brasileira morena, o direito de repudiar modas norte-europeias destinadas a mulheres louras e alvas.

Gilberto Freyre apontava como modelo de beleza da brasileira a atriz Sônia Braga: baixa, pele morena, cabelos negros, longos e crespos, cintura fina, bunda ("ancas") grande, peitos pequenos. Freyre dizia, com certo tom de crítica, que este modelo de brasileira estava sofrendo um "impacto norte-europeizante ou albinizante", ou ainda "ianque", com o sucesso de belas mulheres como Vera Fischer: alta, alva, loira, cabelos lisos ("arianamente lisos"), com um corpo menos arredondado.

Este novo modelo de beleza para as brasileiras, já detectado por Freyre, ganhou muito mais força nas últimas décadas. A revista *Veja* publicou uma matéria que dizia: "As brasileiras não ficam velhas, ficam loiras", mostrando que a brasileira é uma das maiores consumidoras de tintura de cabelo em todo o mundo. Além de Vera Fischer, que permanece um ideal de beleza, as apresentadoras de programas infantis e, posteriormente, Gisele Bündchen tornaram-se modelos a serem imitados pelas brasileiras; ícones "norte-europeizantes", diria Freyre.

INTIMIDADE

Gilberto Freyre enaltecia o corpo da mulher brasileira, miscigenado, um "corpo equilibrado de contrastes", e propunha uma consciência brasileira, dizendo que a mulher brasileira deveria seguir modas adaptadas ao clima tropical, em vez de "seguir passivamente e, por vezes, grotescamente, modas de todo europeias ou norte-americanas": na roupa, no sapato, no adorno, no penteado, no perfume, no andar, no sorrir, no beijar, no comportamento, no modo de ser mulher. Eu ainda acrescentaria, no corpo.

Freyre sugeria que as modas e os modismos não diziam respeito apenas às roupas ou penteados, mas também poderiam se tornar modas de pensar, de sentir, de crer, de imaginar, e assim, subjetivas, influírem sobre as demais modas. Ele apontou os excessos cometidos pelas brasileiras mais inclinadas a seguir as modas, especialmente "as menos jovens, para as quais modas sempre novas surgiriam como suas aliadas contra o envelhecimento".

Gilberto Freyre, mais de duas décadas atrás, admitia que várias novidades no setor de modas de mulher tendem a corresponder a "esse desejo da parte das senhoras menos jovens: o de rejuvenescerem". E a verdade, dizia ele, é que há sempre modas novas que concorrem para o rejuvenescimento de tais aparências, favorecido notavelmente por cosméticos, tinturas e cirurgias plásticas.

Um estudo muito interessante para discutir a especificidade do corpo brasileiro é o do antropólogo francês Stéphane Malysse, publicado no livro *Nu e vestido*. Ao comparar o corpo da mulher brasileira com o da francesa, Malysse constatou que enquanto na França a produção da aparência pessoal continua centrada essencialmente na própria roupa, no Brasil é o corpo que está no centro das estratégias do vestir. As francesas procuram se produzir com roupas cujas cores, estampas e formas reestruturam artificialmente seus corpos, disfarçando algumas formas (particularmente as nádegas e a barriga). As brasileiras, ao contrário, expõem o corpo e frequentemente reduzem a roupa a um simples instrumento de sua valorização, em uma espécie de ornamento.

Dentro dessa lógica, a tendência das adolescentes francesas é a de se vestirem como suas mães, enquanto no Brasil a tendência é a da mãe se vestir como a filha para parecer mais jovem. Em algumas das famílias que pesquisei na cidade do Rio de Janeiro, mães, filhas (e algumas vezes as avós) usavam a mesma rou-

INTIMIDADE

pa e os mesmos acessórios. Em uma delas, a mãe e a avó pediam emprestadas as roupas da filha e da neta adolescente. O que confirma uma ideia central de Gilberto Freyre, a de que as modas surgem visando a uma preocupação central da mulher brasileira: permanecer jovem.

A volta do cor-de-rosa

Aos domingos, gosto de caminhar na orla das praias de Ipanema e Leblon observando os corpos dos cariocas. O que estes corpos falam sobre uma cultura em que o corpo é um verdadeiro capital?

Com essa ideia na cabeça, e um papel e uma caneta na mão, tento decifrar que tipo de cultura está representado nos corpos observados. Nestas caminhadas antropológicas, o que mais me chama atenção é a monocromia que reina nas roupas e acessórios das meninas. Quase todas estão de cor-de-rosa, da cabeça aos pés. O rosa não é apenas a cor das Barbies (cujo site tem como slogan "Viva o rosa!"), mas também dos vestidinhos, camisetinhas, bermudinhas, calcinhas, biquininhos, bolsinhas, sapatinhos, meinhas, enfeitinhos, lacinhos, pulseirinhas etc. Além do rosa, chama atenção o excesso do uso do diminutivo das mães quando falam com e de suas filhas.

Comentando, tempos atrás, este fenômeno mono-cromático com a minha editora Ana Paula Costa, ela, muito empolgada, sugeriu que eu escrevesse um livro com o título: "A volta do cor-de-rosa". A ideia seria a de retratar o fenômeno de uma nova geração de me-ninas extremamente românticas, melosas e açucara-das. Meninas cor-de-rosa. Chegamos à conclusão de que o rosa representa um modelo feminino que pare-cia ter sido completamente abolido nos anos 1970 pe-las mulheres que desejavam ser "meio Leila Diniz": livres, fortes, poderosas, sexualmente ativas, donas do próprio corpo.

Nas minhas caminhadas percebo que, enquanto as meninas estão de rosa da cabeça aos pés, os meninos vestem roupas azuis, verdes, amarelas, vermelhas, cin-za, marrons, pretas, roxas, laranja, lilases, brancas etc... e até, algumas vezes, rosa. E eles não são apenas mais livres nas cores que usam, mas, também, correm, brincam, gritam, jogam, se sujam e se machucam muito mais do que elas.

INTIMIDADE

A comparação entre as cores e as brincadeiras de meninos e meninas sugere que faltará a elas, quando mulheres, algo fundamental: liberdade. Liberdade que, na minha pesquisa com indivíduos das classes médias cariocas, as mulheres afirmam invejar nos homens. Enquanto eles dizem que não invejam nada nas mulheres.

Quando brincam de casinha com suas Barbies cor-de-rosa, as meninas estão aprendendo a ser um tipo de mulher que, provavelmente, terá o mesmo tipo de sonho em um futuro não tão distante. Elas estão aprendendo a ser românticas, dependentes, delicadas, preocupadas com a aparência. Aprendendo a ser mulheres que gastarão inúmeras horas em salão de beleza pintando as unhas do pé e da mão de rosa, comprando roupas e sapatos, cremes e maquiagens, obcecadas com dietas para emagrecer, com cirurgias plásticas, botox, e que, apesar de adultas, continuarão tendo fantasias com o príncipe encantado que pagará as contas e resolverá todos os problemas.

Muitos pesquisadores já analisaram esta nova/ velha mulher que, cansada do mundo competitivo do trabalho e das responsabilidades sociais, sonha em voltar para casa e se dedicar ao marido e aos filhos. Sonho cada vez mais difícil de realizar e, talvez por isso mesmo, cada vez mais presente entre as brasileiras, uma espécie de nostalgia de um tempo perdido em que o papel feminino estava restrito ao de esposa e mãe.

Recentemente, descobri o blog PinkStinks ("Rosa é uma droga"), onde duas mães inglesas declararam guerra ao que chamam de *pinkification* ("rosificação") das meninas: a onipresença da cor rosa no universo feminino. Elas acreditam, como eu, que o fenômeno vai muito além da cor. O site diz que a cultura do rosa, imposta às meninas desde o berço, é baseada no culto da beleza, no corpo, na aparência, na magreza, em detrimento da inteligência. Apesar de parecer inofensivo, continua, o rosa simboliza uma cultura de celebridade, fama e riqueza, obcecada pela imagem, que pode aprisionar e limitar as aspirações das meninas sobre o que podem ser e realizar quando se tornarem mulheres.

Se o corpo e a roupa falam algo sobre a nossa cultura, o que o rosa está falando sobre estas futuras mulheres? Estaria falando de um tipo de representação de gênero que associa a mulher à delicadeza, doçura, fragilidade, fraqueza, inferioridade, submissão? De mulheres cujo principal objetivo é conquistar um marido? De mulheres dependentes que precisam da proteção de homens fortes e poderosos? Estaria falando da clássica "dominação masculina" que transforma meninas em mulheres cor-de-rosa?

Coroas

Quando fiz 40 anos entrei em uma crise profunda e inesperada. Fui, pela primeira vez, a uma dermatologista para que ela me receitasse algum hidratante e um filtro solar, produtos que nunca tinha consumido até então. Após um breve exame da minha pele, ela, observando atentamente meu rosto, perguntou: "Por que você não faz uma correção nas pálpebras? Elas estão muito caídas. Você vai ficar dez anos mais jovem." Sem me dar tempo para responder, continuou: "Por que você não faz um preenchimento ao redor dos lábios? E botox na testa para tirar as rugas de expressão? Você vai rejuvenescer dez anos."

Paguei a cara consulta, que ficou mais cara ainda, pois provocou uma crise existencial que durou quase um ano. "Faço ou não faço a cirurgia nas pálpebras? E o preenchimento nos lábios? E o botox na testa? Se eu fizer tudo o que ela me recomendou, poderia ficar dez anos mais jovem. Eu sou culpada por estar envelhecendo. A culpa é minha!"

O mais surpreendente é que nunca havia tido esse tipo de preocupação antes dessa visita. Confesso que fico feliz quando dizem que pareço ser muito mais jovem do que realmente sou, especialmente quando os mais generosos (ou mentirosos) dizem que pareço ter 37 anos. A dermatologista me fez enxergar rugas e flacidez que antes eram invisíveis para mim e que, a partir de então, passei a desejar eliminar para "ficar dez anos mais jovem".

Em minhas palestras e aulas, costumo dizer que tive e tenho muita vontade de fazer todos os procedimentos para o rejuvenescimento presentes no mercado. Digo, de forma irônica, que só não faço tudo o que gostaria por motivos profissionais: para não perder a legitimidade que conquistei como crítica dessa ditadura da juventude e da perfeição. Na verdade, não fiz e não faço, pois tenho muito medo de transformar o meu rosto, de não gostar de me ver com a face paralisada ou esticada demais. Gosto e me sinto muito

INTIMIDADE

bem com o corpo que tenho hoje e ainda não sinto o estigma de ser uma coroa.

Mergulhei profundamente na crise dos 40, saí dela após um ano de sofrimento e comecei a brincar com o fato de estar envelhecendo. Alguns anos depois, como forma de criar uma resistência política lúdica, inventei o grupo Coroas, composto por mulheres de mais de 50 anos. Tentei seduzir minhas amigas para participarem dele e todas recusaram veementemente. Algumas disseram: "Se for Coroas Enxutas eu participo." Outras: "Se for Jovens Coroas ou Coroas Gostosas, pode ser." A maioria reagiu indignada: "Eu não sou uma coroa!" Um amigo me disse que se eu nomeasse o grupo com K, Koroas, talvez tivesse mais sucesso, pois ficaria muito mais chique.

Após uma palestra em Copacabana, na qual defendi a criação do Coroas, um grupo de mulheres sugeriu que eu desse um curso intitulado "A arte de envelhecer, com Mirian Goldenberg" ou "Como ser uma coroa sem sofrer". Em uma reunião, em Porto Alegre, para pensar a criação de novos programas de televisão, sugeri que fosse feito um com o nome Coroas, mostrando a vida de diferentes mulheres comuns que passaram dos 50 anos. Apesar de todos gostarem muito da ideia, ela não se efetivou.

E assim, até hoje, sou a fundadora e a única integrante do grupo Coroas. Em todos esses anos de tentativas frustradas de difundir a ideia do Coroas, percebi que é mais fácil criar um grupo com indivíduos que são explicitamente estigmatizados do que com aqueles que podem e querem esconder o possível estigma. Um bom exemplo é o do grupo Criolinhas, estudado em dissertação de mestrado por uma aluna. As adolescentes negras pesquisadas passaram a usar um termo usual de acusação, criola, como categoria de afirmação de uma identidade valorizada por elas.

Eu queria fazer o mesmo com o termo coroa: transformar uma categoria de acusação em uma identidade valorizada positivamente por todas as mulheres que estão envelhecendo. Mas o fato de o estigma poder ser encoberto, o fato de as mulheres de mais de 50 anos acharem que não são coroas ou que podem parecer mais jovens do que realmente são e o fato de não se sentirem valorizadas socialmente ao assumirem a própria idade impossibilitaram a criação do meu grupo.

Como não consegui, até hoje, viabilizar a existência do grupo Coroas, do programa de televisão ou de qualquer outra ideia semelhante, resolvi que um dos

INTIMIDADE

meus livros teria como título *Coroas*. Assim, me assumi publicamente como fundadora, única integrante e militante ativa do grupo Coroas e também apresentei algumas reflexões sobre o envelhecimento feminino. O título é resultado do questionamento permanente sobre o significado de ser mulher na cultura brasileira e é, também, uma forma de resistência política. Busco desestigmatizar a categoria coroas e combater todos os estereótipos e preconceitos que cercam a mulher que envelhece.

Coroas sem adjetivos e sem K.

Simplesmente Coroas.

Invisível

Nos grupos de discussão que realizei com mulheres cariocas de mais de 40 anos, o que mais me chamou atenção foram quatro tipos de ideias, extremamente recorrentes nos depoimentos das pesquisadas: invisibilidade, falta, aposentadoria e liberdade.

Um exemplo da ideia de falta é o seguinte:

Sei que é o maior clichê, mas é a mais pura verdade: falta homem no mercado. Falta mesmo. Todas as minhas amigas que estão na faixa dos 50 estão sozinhas. Eu não tenho namorado há um tempão. Até saio com uns caras, mas eles querem se fazer de garotões. É o botox dos homens. Eles se separam e passam a falar, se vestir e se comportar como garotos. Acho ridículo, até patético. Mas eu queria um namorado, um companheiro. Sinto falta. Meu ex-marido, três meses depois da separação, já estava com uma namorada 20 anos mais nova. Que maluco vai querer uma velha decrépita, ou até mesmo uma coroa enxuta, se pode ter uma jovem durinha com tudo no lugar?

Algumas pesquisadas se excluem do mercado sexual. Elas usam a ideia de aposentadoria em seus depoimentos.

A última vez que eu transei eu devia ter 50 anos. Tem quem queira, mas eu é que não quero. Me aposentei neste setor.

Outras ficam obcecadas com as imperfeições do próprio corpo.

Acabei de fazer 40 anos, isso mudou toda a minha percepção do meu corpo. Passei a enxergar coisas que nunca tinha percebido: celulite, estrias, manchas, rugas. É como se de um dia para o outro eu tivesse envelhecido 20 anos. Um dia me sentia jovem, magra, gostosa. Depois de fazer 40 passei a me sentir uma velha caquética, gorda, flácida. Na cama, também, tudo mudou. Antes transava de luz acesa, gostava que meus namorados olhassem meu corpo. Agora entro em pânico. Preciso estar com a luz apagada, debaixo do lençol. Não tiro o sutiã para eles não perceberem que o peito está caído. O pior é que sei que eles não estão nem aí para estes detalhes, é tudo paranoia minha.

Muitas mulheres me disseram que passaram a se sentir invisíveis depois dos 40.

Tive muitos namorados até os 40 anos, sempre fui considerada uma mulher sexy. Meu trauma começou quando fiz 40 e namorei um cara de 50. Ele não me enxergava, passava o tempo todo olhando as bundas e os peitos das garotinhas. Aí comecei a me sentir uma velha, pois me sentia invisível para ele. Aconteceu o mesmo com outros homens. Aqueles olhares, cantadas, elogios que eram tão comuns na minha vida, desde a adolescência até os 40 anos, simplesmente desapareceram. Me acostumei a vida toda a ser chamada de gostosa pelos homens e, de repente, eles me ignoram. Sou uma mulher invisível.

Estes discursos podem ser vistos como uma postura de vitimização das mulheres nesta faixa etária, que apontam, predominantemente, as perdas, os medos e as dificuldades associadas ao envelhecimento.

Por outro lado, apareceu também, com muita ênfase, a ideia de liberdade.

Hoje em dia, a minha paz de espírito é a coisa que eu mais prezo. Não quero me chatear com homem. Eu não sabia ser sozinha. Hoje eu sei. Pela primeira vez na minha vida eu me sinto realmente livre.

O casamento me fez virar funcionária pública, achava que tinha estabilidade, segurança e não precisava cuidar dele, nem de mim. O casamento é um tipo de prisão invisível: parece confortável, mas vai te destruindo aos poucos, deixando só o lado desagradável. Pena que eu só descobri a liberdade aos 50. Poderia ter sido antes.

A frase "hoje eu posso ser eu mesma pela primeira vez na minha vida" foi repetida por muitas mulheres que percebem o envelhecimento como uma redescoberta, altamente valorizada, de um "eu" que estava

INTIMIDADE

encoberto ou subjugado pelas obrigações sociais, especialmente pelo investimento feito no papel de esposa e de mãe.

É interessante observar que tanto no discurso de vitimização quanto no de libertação, dois foram os eixos centrais das brasileiras pesquisadas: o corpo e o homem. O corpo foi tanto objeto de extremo sofrimento (em função de suas doenças ou decadência) ou de extremo prazer (em função da maior aceitação e cuidado com ele). Os parceiros amorosos foram, também, objeto de extrema dor (alcoolismo, machismo, violência, autoritarismo, egoísmo, abandono, rejeição, faltas) ou de extremo prazer (companheirismo, prazer sexual, cumplicidade).

Em uma cultura, como a brasileira, em que o corpo e o marido são importantes capitais, o envelhecimento pode ser vivenciado como um momento de perdas e de sofrimentos. No entanto, em uma cultura em que a liberdade é o principal valor, o envelhecimento pode ser visto como um momento de novas descobertas, conquistas e realizações.

Inclassificáveis

Simone de Beauvoir escreveu um livro fascinante e cruel sobre o processo de envelhecimento. Em *A velhice*, publicado em 1970 na França, ela refletiu sobre o próprio sofrimento:

> É normal, uma vez que em nós o outro que é velho, que a revelação de nossa idade venha dos outros. Eu estremeci, aos 50 anos, quando uma estudante americana me relatou a reação de uma colega: "Mas então, Simone de Beauvoir é uma velha!" Toda uma tradição carregou essa palavra de um sentido pejorativo — ela soa como um insulto.

Simone de Beauvoir sugeriu a possibilidade de uma "bela velhice": construir um projeto singular que torne cada indivíduo autorizado a decidir sobre os seus comportamentos, não de acordo com determinadas regras, mas segundo sua própria vontade. No caso das mulheres, em particular, "a última idade representa uma liberação: submetidas durante toda a vida ao marido, dedicadas aos filhos, podem enfim preocupar-se consigo mesmas", concluiu a filósofa.

No filme sueco *A vida começa aos 40*, a filha exige da mãe recém-separada que pare de dançar, pois considera esta diversão inadequada para uma mulher de sua idade. Acusa a mãe de ser uma velha ridícula. A mãe reage indignada e diz que vai dançar aos 40, 50, 60, 70 e sempre que quiser, pois paga as suas contas e não deve satisfação a ninguém. Diz que é ela, e não os outros, quem irá decidir o que pode ou o que não pode fazer.

Entrevistando brasileiras de mais de 40 anos, encontrei esta mesma ideia. Casadas ou separadas, com filhos ou netos, com namorados ou sozinhas, trabalhando ou aposentadas, as mulheres com quem tenho conversado dizem categoricamente: "é a primeira vez na vida que me sinto realmente livre."

INTIMIDADE

Antes, vivia para o marido, os filhos, a família. Já cumpri todas as minhas obrigações sociais e familiares. Agora, posso cuidar de mim, fazer o que realmente gosto, não dar mais satisfação para ninguém. Posso ser eu mesma pela primeira vez na minha vida.

Pensei nesta liberdade feminina tão tardiamente conquistada ao assistir o belo show de Ney Matogrosso, *Inclassificáveis*. Aos 67 anos, Ney esbanja paixão e sensualidade, brincando, provocando e seduzindo os homens e as mulheres da plateia. Ney inventou uma forma de ser no mundo, quebrando todas as convenções que tolhiam o seu corpo, a sua sexualidade, a sua arte. Não pode ser classificado em nenhum rótulo, é inclassificável, com toda a carga de liberdade que existe nessa ideia.

Muitas brasileiras também me disseram que passaram a se sentir invisíveis.

Eu sempre fui uma mulher muito paquerada. Quando fiz 40, parece que me tornei invisível. Ninguém mais diz nada, um elogio, um olhar, nada. É a coisa que me dá a sensação de ter me tornado velha. Hoje, me chamam de senhora, de tia, me tratam como alguém que não tem mais sensualidade, que não desperta mais desejo. É muito difícil aceitar que os homens me tratem como uma velha, e não como mulher. Na verdade, não acho nem que me tratam como velha, simplesmente me ignoram, me tornei invisível.

No entanto, alguns indivíduos nunca permitem que os outros os tornem invisíveis. Muitos, como Ney Matogrosso, nunca serão "um velho", mas homens e mulheres que envelhecem dando continuidade aos seus projetos existenciais. Continuam cantando, dançando, criando, buscando a felicidade e o prazer, transgredindo as normas e os tabus existentes. Mais livres e visíveis do que nunca.

Quando penso na "bela velhice", penso na geração que foi jovem nos anos 1960 e que está começando a envelhecer. Geração que reinventou a sexualidade, o corpo, as novas formas de casamento e de família. Geração que teve como centro a busca do prazer e da liberdade sexual, a recusa de qualquer forma de autoridade e a defesa da igualdade entre homens e mulheres. Geração que não aceitará o imperativo: "seja um velho!" ou qualquer outro tipo de rótulo que sempre rejeitou e contestou.

Quando penso em uma forma positiva de envelhecer, penso em Ney Matogrosso e em outros homens e mulheres que nunca foram e nunca serão controlados pelas normas sociais. São estes indivíduos, que se reinventam permanentemente, que podem nos ensinar sobre a "bela velhice".

Como diz a música de Arnaldo Antunes, que dá título ao show de Ney Matogrosso, "que preto, que branco, que índio o quê? Somos o que somos: inclassificáveis". Eu diria ainda: "que jovem, que adulto, que velho o quê? Somos o que somos: inclassificáveis."

Insônia

Em uma noite de insônia, fiquei pensando no que iria falar para os meus alunos da pós-graduação que me convidaram para abrir uma Jornada Científica na Universidade Federal do Rio de Janeiro. Pensei em discutir com eles uma ideia de Roland Barthes que coloquei como epígrafe do meu livro *A arte de pesquisar* que tem me inspirado no prazer e sabor que sinto em dar aulas e fazer pesquisas.

> Há uma idade em que se ensina o que se sabe; mas vem em seguida outra, em que se ensina o que não se sabe: isso se chama pesquisar. Vem talvez agora a idade de uma outra experiência, a de desaprender, de deixar trabalhar o remanejamento imprevisível

que o esquecimento impõe à sedimentação dos saberes, das culturas, das crenças que atravessamos. Essa experiência tem, creio eu, um nome ilustre e fora de moda, que ousarei tomar aqui sem complexo na própria encruzilhada de sua etimologia: *sapientia*. Nenhum poder, um pouco de saber, um pouco de sabedoria, e o máximo de sabor possível.

Depois de pensar em vários caminhos para a minha palestra, com o desejo de discutir o poder e o prazer na ciência, lembrei-me, no meio da noite insone, de uma ideia que sempre transmito para os meus alunos, ideia que me acompanha e me consola nas minhas dificuldades dentro e fora do mundo acadêmico.

Imaginei-me, então, escrevendo uma carta a um jovem pesquisador que estivesse experimentando as angústias naturais do momento de escrever a dissertação de mestrado ou a tese de doutorado. Um jovem que estivesse sofrendo porque não sabe se suas ideias são originais ou interessantes, porque não sabe que autores deve citar e quais não pode mencionar, porque não sabe se será lido ou reconhecido por seus pares, porque não sabe se terá algum futuro no meio acadêmico e se conseguirá sobreviver como professor e pesquisador.

Pensei em contar, nesta carta, uma experiência importante da época em que fazia o meu doutoramento, muitos anos atrás. Estava sofrendo para escrever a minha tese sobre a trajetória de Leila Diniz no Programa de Pós-graduação em Antropologia Social do Museu Nacional quando, por acaso, li a autobiografia de Norbert Elias.

Norbert Elias, durante décadas, foi um verdadeiro *outsider* no mundo acadêmico. Somente aos 57 anos conseguiu sua primeira posição estável como professor de sociologia. Seu livro *O processo civilizador*, um clássico das Ciências Sociais, foi publicado em alemão em 1939, mas só foi descoberto tardiamente, na década de 1970, na França e na Inglaterra.

Em *Norbert Elias por ele mesmo*, o sociólogo escreveu o que considero ser um verdadeiro consolo para os jovens pesquisadores, pelo menos um grande consolo para mim:

> Sabia que era um bom professor — já tinha a reputação entre meus companheiros de estudos de possuir o dom de explicar coisas complicadas com simplicidade. Gostava de ensinar. No que diz respeito

à pesquisa, dispunha apenas de minha tese de doutorado para provar minha capacidade. E ela representava um trabalho duro. Tinha confiança em minhas capacidades intelectuais, e ideias não me faltavam. Mas o imenso trabalho intelectual que minha tese exigiu me parecera dificílimo. Só bem mais tarde fui pouco a pouco compreendendo que 90% dos jovens encontram dificuldade ao redigir seu primeiro trabalho importante de pesquisa; e, às vezes, acontece o mesmo com o segundo, o terceiro ou o décimo, quando se consegue chegar aí. Teria agradecido se alguém me dissesse isso na época. Evidentemente pensamos: "Sou o único a ter tais dificuldades para escrever uma tese (ou outra coisa); para todos os outros, isso se dá mais facilmente." Mas ninguém disse nada. É por isso que digo isso aqui. Essas dificuldades são absolutamente normais.

Aproveito o espaço deste pequeno livro para dar este recado de Norbert Elias para todos os meus alunos e, também, para os que não são. Se vocês souberem, quando estiverem escrevendo seus trabalhos científicos, que todo mundo sofre ou sofreu o que estão sofrendo, talvez consigam sofrer um pouco menos. Se reconhecerem que "essas dificuldades são ab-

INTIMIDADE

solutamente normais" e que acontecem com todos os pesquisadores em seus primeiros, segundos, décimos trabalhos científicos, que aconteceram inclusive com Norbert Elias, talvez consigam rir um pouco de seus dramas e de seus sentimentos de inadequação no mundo acadêmico.

Deixo aqui esta ideia para os meus leitores de modo que, mais tarde, não possam dizer, como Norbert Elias, que nunca ninguém disse esta verdade para vocês.

Sem lágrimas

Não gostava de ser diferente.

Tinha vergonha.

Tinha medo do riso das crianças na hora da chamada quando a professora fazia uma pausa para não engasgar com o sobrenome cheio de letras que não combinavam.

Sentia inveja das Mônicas, Lucianas, Patrícias, Anas e Marias.

Não ganhava presentes de Natal.

Sofria quando as outras meninas exibiam os presentes em uma competição histérica para saber quem era a mais amada pelos pais, tios e avós.

Era a única que tinha a prova de que não era amada.

Sentia inveja daquelas meninas.

Não sabia o que era ser judia.

Mas sabia muito bem o que não era ser judia.

Nas conversas de meninas insistia: "vou casar na igreja Nossa Senhora Aparecida".

Não havia igreja com este nome naquela pequena cidade.

Sentia inveja das meninas que iam se casar na igreja.

Não gostava quando o pai e a mãe conversavam naquela língua estranha.

Detestava quando mulheres velhas beliscavam suas bochechas e diziam *shaineh maidel* ou quando a mãe gritava *kish mir en toches*.

Não gostava do hálito daquelas velhas.

Odiava a comida da mãe feita dos legumes e das frutas comprados no fim da feira.

Esperava a mãe se distrair para jogar a comida na privada.

Era a única magra de uma família de gordos.

Detestava usar os vestidos feios e baratos que a mãe comprava em liquidação.

Sentia inveja das meninas de vestidos bonitos.

INTIMIDADE

Leu todos os livros da estante do pai.

Leu *O complexo de Portnoy* e *Treblinka* antes dos 13 anos.

Sentia inveja das meninas que liam livros para crianças.

Odiava festas onde mulheres gordas exibiam joias, vestidos brilhantes e casacos de pele cheirando a naftalina.

Tinha medo de dormir sozinha.

Esperava ouvir o ronco do pai para ir se deitar ao lado da mãe.

Dormiu no chão do hospital público quando a mãe operou as varizes que saltavam das pernas cansadas.

Sentia-se completamente só, abandonada e de-samparada sem a presença da mãe.

Não chorava quando apanhava de chinelo ou de cinto do pai.

Não chorava quando o pai batia nos irmãos, de cinto ou com qualquer coisa que estivesse à mão.

Não chorava quando assistia a verdadeiras cenas de tortura em que o pai usava a fivela do cinto e o sangue escorria nas costas do irmão.

Não chorava quando os irmãos batiam nela.

Defendia-se com as unhas, os puxões de cabelo e as ofensas verbais que feriam os irmãos.

Sentia inveja das meninas que não apanhavam.

Não chorava quando a mãe trabalhava sem parar para sustentar a casa e o pai saía com a amante.

Não chorava quando a mãe escondia o dinheiro para o pai não gastar com a amante, com uísque importado ou gravatas.

Não chorava quando o pai chegava bêbado, gritando e espancando os filhos e a mulher.

Não chorava quando os pais brigavam, gritavam e se agrediam.

Adorava a coleção de gravatas do pai que exibia orgulhosa para as amigas.

Quase morreu quando a mãe tentou se suicidar.

Queria que a mãe se separasse do pai.

Queria que a mãe voltasse a estudar.

Queria que a mãe fosse morar só com ela.

Queria que a mãe vivesse só para ela.

Queria salvar a mãe daquele inferno.

Sentia-se culpada pela infelicidade da mãe.

A mãe ganhou um câncer no seio quando descobriu que o marido tinha uma amante.

INTIMIDADE

O pai quase enlouqueceu quando foi abandonado pela amante.

Sonhava em se casar para fugir daquela casa tão esquisita, daquela cidade tão pequena e daquele mundo tão violento.

O casamento era a única saída daquele inferno, como prenunciou o pai quando ela estava com 13 anos e nem imaginava a possibilidade de uma fuga a não ser pela morte.

Casou-se, aos 20 anos, com o primeiro namorado, um judeu com um nariz enorme.

O marido tinha o mesmo nome do pai, nome que sempre achou muito feio.

Foi a única dos quatro irmãos que se casou com um judeu.

Foi a única que se separou, poucos meses depois do casamento.

Foi a única que não teve filhos.

Sentia inveja das famílias felizes.

Nunca perguntou para os pais sobre a vida deles e dos pais deles.

Um dia teve uma violenta discussão com o pai.

Transtornado, o pai levantou a mão para bater em seu rosto e ela, pela primeira vez na vida, reagiu: "bate que eu bato no senhor, seu Mussolini sem bigode!"

Ficaram 20 anos sem se falar e só voltaram a se encontrar quando soube que o pai tinha um câncer de pâncreas.

Cuidou dele 24 horas por dia até a sua morte.

Foram 100 dias de lágrimas.

Ele se tornou um esqueleto humano.

Para suportar o sofrimento, ela tomava 3 Lexotans a cada dia.

Um pouco antes de morrer, o pai a sacudiu com todas as forças que lhe restavam e gritou: "filha, olha para mim, filha, eu estou morrendo!"

Foi a primeira vez que olhou nos olhos do pai.

No dia do enterro, ela também parecia um esqueleto humano.

Continuou com vergonha do seu nome por muitos e muitos anos.

Continuou com vergonha de ser judia por muitos e muitos anos.

Continuou a mesma menina que sofria por ser diferente, com medo de ser abandonada pela mãe e espancada pelo pai.

Namorou muitos católicos e ateus, e nunca mais um judeu.

Um deles só namorava mulheres judias.

Gostava muito dele porque ele só gostava de mulheres judias.

Outro namorado lhe disse que seu nome era lindo.

Ela passou a gostar do seu nome porque o namorado achava o seu nome lindo.

Viajou por todo o mundo.

Nunca quis conhecer a Alemanha até ser convidada para dar palestras em universidades de Berlim e Munique.

Era a única judia em um debate sobre o Holocausto.

Não conseguiu compreender a culpa dos jovens alemães em função do que os avós fizeram ou deixaram de fazer.

Não gostou de visitar museus judaicos e de ver a repetição da história sobre o sofrimento dos judeus.

Ficou emocionada com o filme *O pianista*.

Usou, pela primeira vez, a estrela de davi que a mãe tinha lhe dado.

Sentiu medo dos olhares insistentes e estranhos.

Nunca mais usou a estrela.

Não gosta da postura de vítima de judeus que conhece.

Não gosta da atitude mesquinha de judeus que conhece.

Não gosta da aparência física de judeus que conhece.

Não gosta do ar de superioridade de judeus que conhece.

Não gosta da comida judia.

Não entra em discussões sobre os conflitos entre árabes e judeus.

Costuma dar muitos presentes.

Muitos lhe dizem: "você não parece judia, é tão generosa!"

Costuma ser atenciosa com todos.

Muitos lhe dizem: "você não parece judia, é tão doce!"

Continua magra e com jeito de menina.

Muitos lhe dizem: "você não parece judia, é tão bonita!"

Sempre gostou de ouvir: "você não parece judia!"

Aparece em uma lista de um grupo nazista como uma das judias mais importantes do Brasil.

Ainda tem pesadelos em que é perseguida por nazistas.

Ainda tem pesadelos em que é espancada pelo pai.

INTIMIDADE

Ainda tem pesadelos em que é roubada pelos irmãos.

Ainda sonha que está cuidando da mãe.

Ainda sonha que faz tudo para a mãe não morrer.

Ainda sonha que está protegendo a mãe da violência do pai.

Ainda sonha que dorme na cama da mãe.

Ainda tem medo de dormir sozinha.

Ainda sente inveja das meninas felizes.

Cansou do personagem que representou durante quase toda a vida: o de uma menininha frágil, assustada e carente.

Cansou de mendigar amor, proteção e reconhecimento.

Deixou de acreditar que os outros são mais felizes do que ela.

Percebeu que adotava a postura de vítima que tanto abominava.

Passou a se orgulhar de ter construído sozinha uma vida rica de projetos, de amigos e amores.

Passou a se achar especial por ter conseguido fugir, sobreviver à violência e inventar um mundo novo para si.

Passou a escrever sobre os que sofrem por serem diferentes.

Passou a gostar do nome judeu.

Arrependeu-se de não ter pedido à mãe para contar a sua história e a de seus pais na Polônia.

Arrependeu-se por não ter pedido ao pai para contar a sua história e a de seus pais na Romênia.

Reconheceu que ter sofrido o que sofreu teve um lado bom: foi obrigada a ser uma mulher diferente.

E um belo dia percebeu que a frase "você não parece judia!" não era um elogio, mas uma violenta agressão, estúpida e preconceituosa.

Este livro foi composto na tipologia Minion,
em corpo 11,5/16, e impresso em papel off-white
90g/m² no Sistema Cameron da Divisão
Gráfica da Distribuidora Record.